Un silencio blanco

Olga Azabal D.

ilustrado por Mar Azabal

Un silencio blanco

Olga Azabal D.
ilustrado por Mar Azabal

Edición limitada y numerada de 300 ejemplares

139

Piezas
Azules

COLECCIÓN PIEZAS POÉTICAS

Primera edición, marzo 2025
©Olga Azabal D.

Ilustraciones interiores y de portada:
©Mar Azabal D. www.marazabal.com

Edición: ©Piezas Azules, editorial independiente
piezasazuleseditorial.com

ISBN: 978-84-129256-4-7
Depósito legal: M-1968-2025

Impreso en Estugraf, Ciempozuelos.

Piezas Azules llamábamos en nuestro lenguaje a los proyectos locos que se nos ocurrían. Eran proyectos con los que nunca nos haríamos ricos, con los que posiblemente nos hiciéramos más pobres, pero eran tan bonitos que tenían la vocación de no quedarse para siempre en el terreno de los sueños.

Va a agarrar un martillo para golpear el silencio,
para pulverizar el silencio,
para multiplicar el silencio.

Emilo Adolfo Westphalen

I

CELLISCA

Existe la creencia de que el sueño que se atrae se
                                                 [reproduce.
En un círculo de pensamientos
uno invoca sin querer lo que viene.
O, simplemente, la mente proyecta
la información que recoge.
Lo cotidiano,
lo desapercibido.
Como cuando él comenta en la cena:
«el casco es de adorno»
«vamos con retraso y hay que trabajar más horas.»
Y tragamos un alimento que
en los últimos días tiene
un sabor a nieve.

Nunca me gustó la comida fría.
Desde que a los seis años
nevó en aquel pueblo
y me hicieron un muñeco
que duró tres meses.

El día en que el hielo
bostezó aburrido
y se lo llevó,
tuve miedo al frío
porque borra nombres.

Crecí con silencios blancos.
El de los seis años
es memoria.

No aquel,
siempre cuadro,
suspendido en un pasillo,
que nos recordaba a los niños que
la nieve viene
y te deja sin padre
sin hermano
sin hijo…

Los exploradores del ártico cuentan que
cuando el cielo está muy nublado
la luz que se desplaza en una dirección
tiene la misma intensidad
que la que se desplaza en la otra.
En esa igualdad de flujo,
la luz
se desnuda de su sombra,
el espacio carece de profundidad
y el ojo se vence.
Lo llaman «Telón Blanco».
No hay posibilidad de horizonte.
El mundo,
ahogado en la luz,
se desvanece.

Leí que los peces
entran en un estado de congelación
para pasar el invierno.

Ahora sé que las glicoproteínas son
agentes anticongelantes celulares.

También sé que «Perlerorneq» significa
en lengua esquimal «sentir el peso de la vida».
¿Qué más podía hacer?

Me puse a escribir.
Primero el Frío,
después la Nieve,
más tarde el Deshielo,
Porque,
diatomeas somos.
Los esquimales también creen que:
Ningún verano tiene la duración suficiente
para hacer olvidar un invierno.[1]

II

El FRÍO

Hay un punto en la noche en el que corro.
Hay un punto en la noche en el que corro,
Madre.
La madrugada es un estallido
un rugido de hielo.
Caes,
te subo a mi espalda
y no paramos nunca
y no llegamos nunca
sólo trazamos surcos
en sorda huida.

Se abre la noche a un abismo
de Bosque
Montaña
y Nieve.
(Ellos dicen: «Suceso»)

Hay un punto en la noche en el que corro.
Hay un punto en la noche en el que…

(bóveda de alarido).

Alguien movió la esfera.
La nieve está esperando a la nieve
Para un trabajo sencillo.[2]

El destino salió a cazar,
Madre.

Habrá de revelar la nieve
si somos carne de certeza.

Huimos
de un silencio blanco.
«No es blanca», murmullan los árboles.
«No es blanca», sisea el bosque.
La luz la atraviesa.
Rebota
de
                    un
cristal
                 a
otro.
Prisma de la desdicha.

No hay corteza que cobije,
sendero de herida es el bosque.
El sueño del frío nos pesa
como lana de hielo.
(Ellos dicen: «Contratiempo»)

Algas minúsculas flotan
como krill de viento.
(Dicen, dicen…)
¡Salgamos a la luz,
Madre!
Sea por el filo,
hay que seguir huyendo.

Miríadas de organismos se nos adhieren,
ávidos por la temperatura
de un cuerpo nuevo.
Trepan,
y el calor nos abandona.
(Ellos dicen: «Tropiezo»)

¿Estás aterida?
Es ese silencio
que lo enturbia todo.
Allí hay tres árboles y termina el bosque,
¡Madre!
fractal de tiempo.

Aquello que se ve
son vides.
Secos abrazos de estacas,
empalizada de viento.
Beben
de un suelo
agrío de nieve,
donde espera marzo
a licuarse en tus ojos.

No mires aún,
que todavía es otoño.

Un Arao aliblanco se balancea:
membrana de sangre,
pico de sangre,
ala de nieve
(Ellos dicen: «Tragedia»)

¿Y si nos equivocamos al huir?
Si ya estamos aquí
vamos a dejarnos anegar
por el espanto.
Yo creo, Madre,
que si nos sale por los ojos
ya no querrá jugar con nosotras.
Dicen,
que le divierte el desconcierto,
que si cedemos al frío
el olvido soplará desde el interior.
Respirarás tú,
respiraré yo
y la Montaña
velará por nosotras.

Turbador es el silencio
que precede a la nieve.
Copos que tejen un sudario.

Turbador es el silencio
que precede a la muerte.
Caen,
y el mundo se estremece.

Turbador es el grito,
frío de ausencia,
de un duelo cuajado.
(Ellos dicen: «Incidente»)

Es
el
silencio
Madre.
Es
el
silencio
que
precede
a
la
nieve.

Estrellas

        Plaquetas

Columnas

        Agujas

Sólo la nieve conoce el exacto sentido de la línea[3]

Los árboles se ajaron
por el peso de la tormenta.
Sentadas observamos
el desfile del frío
y no quedó nadie
que resistiera al invierno.
Abierto el libro de la vida
entonamos un salmo.
Las manos cesaron
de agarrar la existencia.
Sabíamos ya,
Madre,
que también la nieve
quema.

¡Grita,
Madre,
grita!
Pacemos ya el hielo
de la Montaña.
(Ellos dicen: «Contingencia»)

Se necesitan más de veinticinco actantes
para nombrar este sueño:
un encargado,
la empresa,
dos empleados de riesgos laborales,
la subcontrata,
varios compañeros,
un forense,
la policía,
la ambulancia,
los médicos,
el juez,
los abogados,
un fiscal
dicen: «Emergencia, Complicación, Siniestro».

Y la Montaña dijo:
«llevaréis
cicatriz de nieve.
Supurará el duelo,
y os dolerá el futuro
por la carga blanca.»
(Silencio)

III

LA NIEVE

¡Perros que ladran a la nieve!
¡El buen tiempo está llegando!
Un hombre solo camina despacio
Y el invierno aún no ha terminado…

Kenneth Koch

Mi Dios es Hambre
Mi Dios es Nieve
Mi Dios es No[4]
Burlaste al Hambre
ahíto de Nieve.
¡No!

¿Estás ahí?
Tejiendo la red que nos atrapa.
Un nudo,
un fragmento.
El futuro será una cuadrícula
vacía de presente.
¿Estás

ahí?

Un tronco salpicado de nieve
(hundido en la sábana)
no es más que corteza
ajada de agujas.
Fuga de vida.

No hay primavera.
No en tu frente ni en tu cama.
Si estiro la mano
toco el mundo caliente
que avanza.
Nos hiere la normalidad
del café,
del pan recién hecho,
del día.

Madre calla.

Se extiende
un ruido glaciar,
un sonido antiguo de agua.
Dicen pleura,
y es el hielo que talla.

¿Sientes miedo?
Yo lo tuve al inicio
y corría de madrugada.
Llegué antes que tú al frío.
Estadio de nieve futura.
Era esto.

¿Qué pensabas cuando caías
en un salto blanco de marzo al invierno?
¿Acaso decidiste ahí qué parte de ti se iría?
Esquirlas de identidad en cada gota de sangre.
Un hombre nuevo.
No te he dicho que Madre aún espera.
Yo no espero.
Aprendí de niña lo que la helada hace con las
plantas.
Sé que cuando te derritas
quedará un puzle de sal
que montar cada día.
¿Te he dicho ya que madre aún espera?

La gente olvida que aquí siempre es invierno.
Pienso un número en la mañana,
en las visitas de la tarde
cuento:
seis hombros se estremecen.

Hoy en la noche los gritos
cubrieron la cena
de larvas de hielo.
Madre me miró y
nos abrochamos los abrigos.
El viento empujó una camilla
error de nieve en agua[5]
con quince años
gélidos.

Hay un mosquito en el cristal,
Tipulidae.
Dos horas inerte
mueve una pata,
Tipulidae.
Una hora más
agita las antenas.
«Si algo me ocurre…»
Tipulidae
«Si algo me ocurre …»
Tipulidae.
Detrás de las alas
la noche
(*azul de vena*[6])
Si algo…
Madre duerme,
Tipulidae vuela.

No te nombro
porque me dejarás huérfana de reproches
y no podré matarte nunca
como se espera de un hijo.
Tampoco podré matar
al otro,
al que ahora hiberna,
porque vino de la muerte.
Escribo.
Limpio de hielo el
confín de un muerto.

Cuando la temperatura es inferior a los 0°
el agua congelada
se convierte en cristal de hielo.
Mujer.
Hijas.
(¿Nietos?)
Todo copo de nieve es un prisma hexagonal.
No hubo lugar
para lo séptimo.

El fruto que te despertará
absorberá de la savia el frío,
y todos los mayos
durante tres días
florecerán témpanos.

Serás,
tras setenta y dos horas de parto,
diecinueve días de incubadora,
nueve meses de gestación,
un informe infinito de hojas
y el oráculo de un médico:
«trayectorias contiguas,
en un andar paralelo.»
Madre asiente.

Helado está el árbol,
del tronco,
de la raíz,
del fruto.

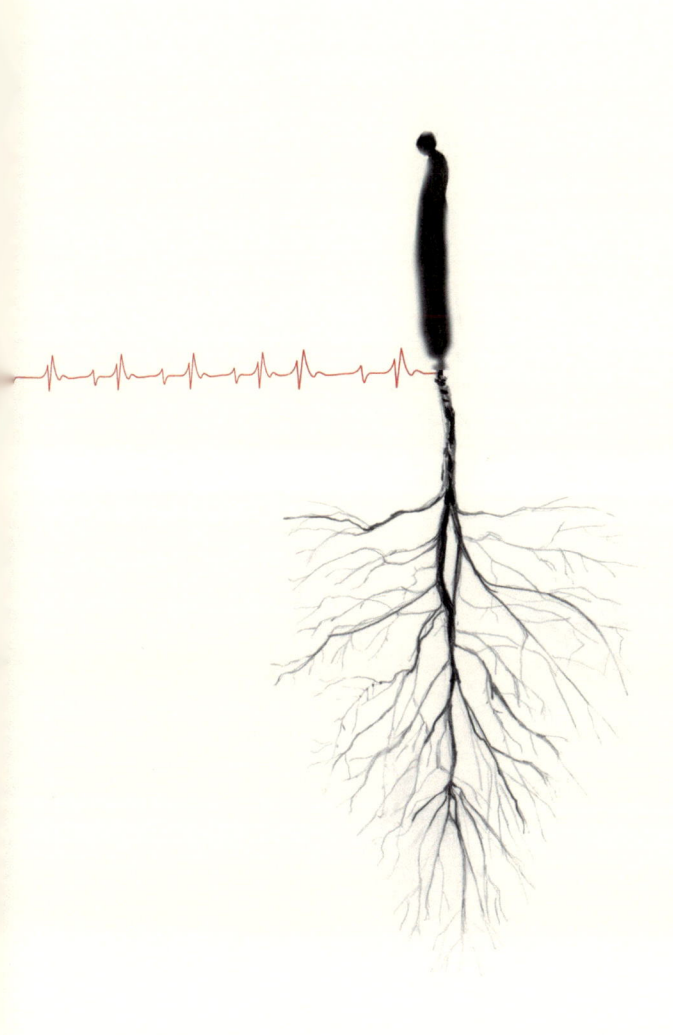

Y
la raíz
se incrustará en mi mandíbula
(crujir de dientes)
en un continuo
tiritar de vida.

IV

EL DESHIELO

La nieve no se apiada de la sed de las magnolias
Daniela Camacho

¿Cómo se descongela un alma
si la sangre familiar no llega,
y la piel es un manto exiguo...?
Me miras,
Madre,
hecha pregunta,
como si yo fuera respuesta.

Entonces me hablabas
de cuando tus padres eran jóvenes.
De que ahora comenzabas a
entender la distancia.
Y tu mirada de niña
asistía al presente,
aturdida por la realidad
descubierta.
El agua crujía para advertir
que somos,
Madre,
fractura de un tiempo.
Hielo roto que ennegrece
incluso en verano.

Ahora,
observo el erial quebrado de vida.

Pisado,
con botas de nieve.
*¿Cómo reconocerme, reconocernos,
tras la blanca mudanza?*[7]

Se replegaron
y la oscuridad fue nuestra.
Dame tu cabeza de niña,
dijiste,
estupor de cuerpo,
simiente de abandono
en hija.

De un lodo antiguo bebimos
el rumor consagrado.
Obro bien,
obré bien,
obramos bien
(y nos reconforta).
Dentro, la conciencia calienta
las paredes de uno.
El límite es uno.
El lejos es uno.
Uno es la frontera.
Pero el aliento cuando exhala
sabe de muertos
y tiñe las palabras
con el color de la falta.

Como el eucalipto
que ahoga la tierra
y la deja estéril.
Así la escarcha
sigue entrando
cada noche
por la ventana.
De un corazón a otro,
de una risa a otra.
Un manojo de dolor
espera en la cocina.

Me narro, me narras.
Milímetros de dolor
expuestos.
Un árbol genealógico de culpa.
Líneas, puntos, intersecciones:
orografía del silencio.

Resbalan las palabras
y evidencian lo amputado.
La red neuronal se expande,
pero no lo suficiente.
Y si…
Negación
Y si…

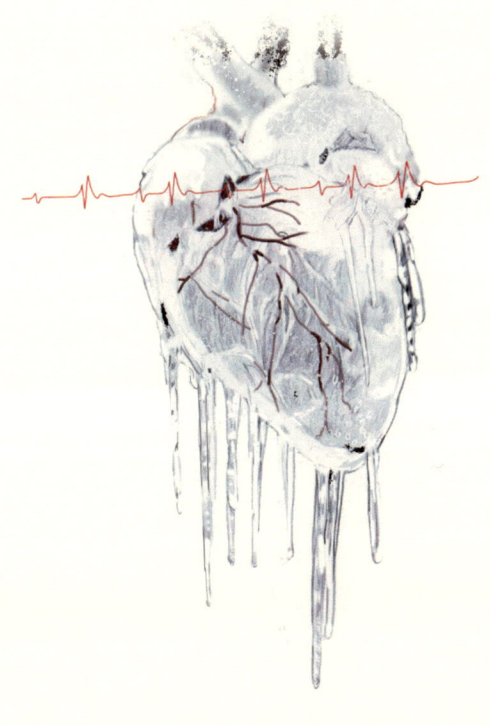

Escribo:

¡líbrenos Señor del vacío intermitente
que convierte en cristal el suelo que pisamos,
y nos hace caminar,
confiados,
sobre la fragilidad del vidrio!
Ignorando la grieta al acecho,
presintiendo la grieta al acecho,
padeciendo la grieta al acecho
en un final sin fin.

Hay una oquedad en torno
que no termina de llenarse.
Los días se permean
del sobresalto cotidiano.
No hay quietud en el ahora
expuesto del presente.
¿Antes sí?

Niegas el nosotros,
pero permites que tú
también te duermas de hielo.
En tu caparazón cobijas
la danza de la nieve.
Porque bailar la danza del después,
exige:
sacar los pies de la sangre,
ofrecer la grasa y el hueso, un sacrificio
para que los progenitores
aún insepultos,
Madre,
no aniden en el cuello.

Reescribimos la ley de la termodinámica:
si dos cuerpos se encuentran
tienden a equilibrar su energía
pero,
si el cuerpo frío prevalece
ocurre que los átomos se cansan
y se olvidan de la Física.

Habitamos desde la cuchara
la herida en el sueño.
Como el animal que sabía del cerco,
el olor del instinto nos trajo
un viento de nieve.

¡Mírame!
Bienaventuradas la noche y la oscuridad que nos
[ciega.
¡Mírame, Madre!
Bienaventurado el frío que nos enseña a sentir.
¡Mírame!
Bienaventurado el dolor que nos humilla...[8]
La memoria blanca nos anega.
¡Que sea ya la luz y el verbo!

Llegarán los días del brezo.
Y la tierra removida
se sacudirá los cristales.
De lirios nacidos en roca,
de lirios nacidos en roca
sembraremos palabras.
Aunque siga amaneciendo blanco,
aunque siga anocheciendo blanco
y sólo nosotras veamos,
en el péndulo de la tarde,
una helada.

V

PORQUE DIATOMEAS SOMOS

Nosotros éramos muchos más de lo que sus ojos
cansados podían contar, no noventa y siete sino miles,
un campo de hielo hasta donde la vista se perdía.
Éramos un pueblo entero

Olivier Remaud.

Soy hija de un dios de la Nieve.
Amaso la fragilidad del frío
que he de comer cada mañana.
Sé del crepitar de la pena
en la faz de los otros,
de la vergüenza azul que ilumina
las cuencas del que mira.
Asiento con la cabeza al:
«por lo menos lo tenéis»
«por lo menos lo veis»
y mi sangre estelar cruje.
(Esto no era lo que me prometieron).
Por cada accidente laboral
una familia se pierde.
Se borra del libro
de la normalidad de la vida.
Mis huesos se contraen cuando veo las noticias
y descubro una más que se suma al invierno.
Un granizo de cifras que numera sin nombres.
(Esto no era lo que nos prometieron).
Les espera la sal y el llanto,
en el mejor de los casos.
Un juego de dendritas
que insinuará la empresa.
Las manos muy limpias,
sin rastro de nieve,
empujarán un tablero,
donde las cifras sin rostro

despertarán a la noche
para decir tan sólo:
toda la escarcha es nuestra.
(Esto no era lo que nos prometieron)
Luego, el futuro
penderá de una bolsa,
moneda que habrán de pagar
por la justicia que busquen.
Como un iceberg tabular
afilarán sus ángulos
de células sumergidas
en el Mar de la Pérdida.
Pero no habrá plataforma Larsen.
Porque nadie investiga
a los hijos de los números,
ni la nucleación de sus mujeres.
Aunque algunos libros digan:
«los episodios de nacimiento de un iceberg
son grandes momentos de acústica social[9]».
Hablan de la Naturaleza.
No ocurre así en la raza de los hombres.
Donde las familias,
cercadas por la banquisa,
respirarán el frío de la bruma
que a todo iceberg envuelve.
Invisibles,
lejanas.
Sus gritos serán sólo percibidos

por otros glaciares.
Se destruirán a sí mismas
con el estruendo del miedo.
Vencidas,
se fragmentan hoy
en soledad gloriosa.
(Esto no era lo que nos prometieron).
Soy hija de un dios de la Nieve.
Saqué mis ojos y los limpié de pasado.
En la luz de los otros mis manos aúllan,
su sonrisa se tuerce si saben del hielo
Sé de la abnegación y la culpa.
Honrarás a tu padre y a tu madre.
(Esto no era lo que me prometieron).
Si el agua mana hacia la Montaña
hay una ley que se quiebra,
el orden invertido desteje la noche
y la edad se congela en la línea del tiempo.
El hijo es padre,
el padre es hijo.
(Esto no era lo que me prometieron).
Soy hija de un dios de la Nieve,
Y llevo un cuchillo de sal en la espalda.
Avanzo en la noche del círculo y grito:
¡Mujeres, madres, hijos,
los tocados por el hielo,
el eco de un silencio blanco,
eso fue lo que nos prometieron!

ÍNDICE DE CITAS

CARPETAS DEL HIELO

Hay una foto antigua de Félix Thiollier, en ella el movimiento está preso, contenido, la nieve también. Dos figuras, caballo y mujer, inclinadas trazan con su cuerpo la elipsis de un círculo. Llevo años dentro de esa foto, unas veces soy la mujer, otras soy el caballo, nunca la nieve, pero siempre soy el círculo. Llevo años siendo un círculo. Podría decir que heredé el circulo.

Sé que tengo que escribir la huida, sé que tengo que escribir la nieve. Compro cuadernos rojos, quiero calentar la sangre. Uno, dos, tres, cuatro cuadernos rojos. Durante años fundo nieve. Escribo el círculo.

No estoy sola, soy un animal herido que busca en los otros. El ordenador se va llenando de imágenes, el hielo crece. Los cuadernos rojos son un ecosistema vivo. Mi escritorio es un bosque con libros de invierno. Durante años me desdoblo y habito dos estaciones, la del presente y el frío.

Emprendo una expedición hacia el hielo, escalo los textos de otros; el estante de la nieve crece:

Cartografía del frío de Charo Prados, *El palacio del hielo* de Terjei Vesaas, *Memoria de la nieve* de Julio Llamazares, *Libro del frío* de Antonio Gamoneda, *Señor de las periferias* de Jesús Montiel, *Decir la nieve* de Menchu Gutiérrez, *La nieve roja* de Sigismund Krzyzanowski, *El canto de la nieve silenciosa* de Hubert Selby Jr, *La sal sobre la nieve* de Ángeles Mora, *Nieve* de Maxence Fermine, los haikus de Taneda Santôka y Bashô, *Principio y fin de la nieve* de Yves Bonnefoy, *Nevada* de Julián Rodriguez. *Sueños árticos* de Barry López, *Pensar como un iceberg* de Olivier Remaud...

¡Es tanta la nieve que habita otros textos! Ingeborg Bachmann, Anne Michaels, Mary Olivier, Judith Wrigh, Mariano Peyrou, Marta López Vilar, Louise Glück, Sant-John Perse, todos se sientan en mi teclado. Vivo en un campo semántico de frío.

Soy aprendiz de geóloga, de química, de física. Leo y leo sobre la formación de la nieve, sobre la naturaleza del hielo.

No sé aún dónde voy, no sé aún las partes, primero tres, luego cuatro, luego cinco. Toda nieve me pertenece y la guardo en documentos: Carpetas del Hielo.

Entro y salgo de los textos con una llave, la música, y así escribo:

—El Frío con *Wolfpack*, de Johannes Bornlöf, Ludovico Einaudi y Ólafur Arnalds.

—La Nieve con el álbum *Orphée* de J. Jóhannnsson, en bucle. Invoco los días de hospital y caen como la sustancia de un gotero, la música me los devuelve.

—El Deshielo con Max Richter, *The blue Notebooks*. Suenan cuadernos azules mientras lleno cuadernos rojos.

Investigo, investigo, investigo. Descubro la instalación *White Wanderer* de Petra Bachmaier y Sean Gallero. La obra traduce los sonidos de la plataforma de hielo Larsen C al romperse en un iceberg de trillones de toneladas. Un gran elefante blanco. Y siento que tengo un hilo, tengo que tirar del hilo.

—Escribo Porque diatomeas somos con una única canción: *White Wanderer* de Pacific K, ligth variation. He tirado del hilo.

Intento crear un movimiento de avance en arrastre, una salmodia de hielo.

El movimiento al que nos sometemos los familiares de personas con un daño cerebral. El movimiento de los familiares de personas que han sufrido un accidente laboral. Somos ese ser errante. Somos todo lo que un iceberg arrastra.

La canción original, pertenece al álbum *Light Between Oceans,* luz entre océanos. Pienso, luz para nosotros.

Cierro el poemario durante meses.

Vuelvo. Borro y corrijo, borro y corrijo, la nieve nunca se acaba.

—Cellisca, que es lo último en escribirse, no tiene música. Es un silencio elegido. Quiero escuchar la forma, si la hay. Quiero escuchar quién dicta, y por qué.

Tengo un poemario, creo. Ya he vomitado el hielo, he escupido la nieve. Tengo una bola de nieve que esconde sus puntas.

En el último de los cuadernos hay un poema zen anotado:

«Jamás un copo de nieve cae donde no le corresponde»
Todavía hoy me pregunto qué significa eso.

Aquí puedes escuchar la música que acompañó a la escritura de *Un silencio blanco*. Además, compartimos con vosotros alguna de las imágenes que acompañaron a Olga Azabal D. durante la composición del poemario.

Por orden de aparición:

The horse trainer. Felix Thiollier, 1899
Todd Hido
Lone pine peak. Ansel Adams
Jürgen Heckel
Wind Series II N.2. John Blakemore, 1981
Elena Elisseeva @elenathewise
Snowflakes. Wilson Bentley, 1902
Ragnar Axelsson
Mikko Lagerstedt
Landscape. Michel Schlegel
Martin Rak

ÍNDICE

Nota de la editora

Esta obra ha sido financiada gracias a los ingresos obtenidos por la venta de los títulos editados por Piezas Azules hasta ahora, muchas gracias a los autores de los mismos:

Ropa tendida (ocho coladas), de Patricia Lodín
Ansiógeno, de Jesús Alonso García
Primer Párrafo, de Paloma Mozo Sanjuán
Donde planean los pájaros, de Mara Carver
El papel de un cromo, de Marian Peyró
Intentar la casa, de Andrea López Montero
Música y leyenda, de Javier Lodín
Podía haber sido de otro modo, de Irene Torres Redecilla
Días de Reykjavík, de Ernesto Diéguez Casal
Tiempo de frutos, de Ramiro Gairín
Estratos, de Mariano Peyrou y Mar Lozano
Nunca esta lengua, de Virginia Saji
Herbario de amores dulces, VVAA
Palpar la luz, de Ana Casado
Las claves del Vuelo 605, de Javier Lodín
Mosaico de barr(i)o movedizo, de Salomé Ballestero
El pulso herido, de Daniel Herrera
El miedo tranquilo, de Mariano Peyrou y Mar Lozano
La Sal, de Jimena Cid y Ana Cid
Caleidoscópica, de María José Beltrán
La dulzura del ornitorrinco, de Andrea López Montero
Modelo de escritura 354, de Álvaro Bueno Sáez
Refrán de amor, de Sofía Martín Jiménez

El frío es una propiedad que se acumula, crece y hace capas, desvela al congelar zonas de la piel no imaginadas, nos cuenta que en el cuerpo el color es sintomático. Así, picando el hielo para llegar a entender fuimos acercándonos al poemario de Olga Azabal D.

Primero fue la delicadeza exacta, cosa que no es sencilla, porque ésta es un animal escapista o de fácil asfixia, poco a poco creció la incógnita en la lectura, luego confirmamos el dolor. Nosotras, cuando recibimos un manuscrito, sólo curioseamos de dónde es el autor para ver posibilidades varias, y luego vamos al manuscrito. A veces nos cuentan más cosas y casi nunca las leemos, queremos leer el libro, sólo el libro y así pasó con *Un silencio blanco*.

Fue una lectura de sospecha, luego Olga nos contó cómo había ido escribiendo el libro, una organización increíble, una labor de investigación que nos interesó como creadoras, el sentido del libro fue ganando claridad con las lecturas y las Carpetas del Hielo nos hicieron entender.

La comprensión sumó sólo una capa más, porque este libro contiene lo concreto y lo universal, cuenta cómo una vida se parte y están los que se quedan y tienen que seguir, con una dificultad enorme, inimaginable si atendemos a lo exacto, pero al fin y al cabo seguir, que es aquello que a todos nos toca.

Cuando nos preguntamos qué es eso de la escritura, de la palabra, de la poesía y no sabemos qué o cómo contestarnos y ella, la poesía, nos contesta con lenguaje, con textura, con comprensión, murmullo, veracidad y nos hace decir lo que no se puede decir y entender lo que no se puede entender, qué podemos hacer salvo dar las gracias.

Este libro provoca el agradecimiento, al lenguaje, a la intimidad objetiva y limpia que nos permite ver, sentir, entender un frío que es tan difícil de decir: porque aquí no se dice exactamente, aquí toma cuerpo, produce, convoca.

¿Para qué la escritura? Para libros así.

Gracias Olga por la confidencia bella que compartes en este libro, por su sabiduría, por la confianza, por mandárnoslo a nosotras y con él, ayudarnos a aceptar el frío que de tantas formas puede llegar a una casa.

Lectora, lector: qué decir, ¡qué suerte este libro!, ¿no crees?

Andrea López Montero, enero de 2025.

Un uno de febrero de hace doscientos un años entró en erupción el volcán Mayón, llevándose la vida de mil doscientas personas. Hace unos días moría David Lynch dejándonos los ojitos encendidos y el corazón encogido con un suelo quebrado de líneas rojas y blancas, con un tronco al medio. Un cuatro de febrero de hace cuarenta y nueve años un terremoto destruye el sesenta por ciento de Guatemala, haciendo veintitrés mil muertos. La vida es con la muerte, no queremos ignorarla ni aislar a quien tiene que sostenerla. La vida es con los accidentes y el daño. Para nombrar y compartir el daño, este libro del frío que se imprime en febrero, cuándo si no se iba a imprimir.